essentials

Essentials liefern aktuelles Wissen in konzentrierter Form. Die Essenz dessen, worauf es als „State-of-the-Art" in der gegenwärtigen Fachdiskussion oder in der Praxis ankommt. Essentials informieren schnell, unkompliziert und verständlich.

- als Einführung in ein aktuelles Thema aus Ihrem Fachgebiet
- als Einstieg in ein für Sie noch unbekanntes Themenfeld
- als Einblick, um zum Thema mitreden zu können.

Die Bücher in elektronischer und gedruckter Form bringen das Expertenwissen von Springer-Fachautoren kompakt zur Darstellung. Sie sind besonders für die Nutzung als eBook auf Tablet-PCs, eBook-Readern und Smartphones geeignet.

Essentials: Wissensbausteine aus Wirtschaft und Gesellschaft, Medizin, Psychologie und Gesundheitsberufen, Technik und Naturwissenschaften. Von renommierten Autoren der Verlagsmarken Springer Gabler, Springer VS, Springer Medizin, Springer Spektrum, Springer Vieweg und Springer Psychologie.

Georg Disterer · Carsten Kleiner

Mobile Endgeräte im Unternehmen

Technische Ansätze, Compliance-Anforderungen, Management

Mit einem Vorwort von Dr. Siegfried Reich

Georg Disterer
Carsten Kleiner

Fakultät für Wirtschaft und Informatik
Hochschule Hannover
Hannover
Deutschland

ISSN 2197-6708   ISSN 2197-6716 (electronic)
ISBN 978-3-658-07023-6   ISBN 978-3-658-07024-3 (eBook)
DOI 10.1007/978-3-658-07024-3

Die Deutsche Nationalbibliothek verzeichnet diese Publikation in der Deutschen Nationalbibliografie; detaillierte bibliografische Daten sind im Internet über http://dnb.d-nb.de abrufbar.

Springer Vieweg
© Springer Fachmedien Wiesbaden 2014

Springer Vieweg ist eine Marke von Springer DE. Springer DE ist Teil der Fachverlagsgruppe
Springer Science+Business Media
www.springer-vieweg.de

Vorwort

HMD Best-Paper-Award 2013
  Georg Disterer, Carsten Kleiner: BYOD – Bring Your Own Device

Der prämierte Beitrag

Die IT-Durchdringung ist sowohl im beruflichen als auch im privaten Bereich in den vergangenen Monaten und Jahren überdurchschnittlich stark gestiegen: Smartphones sind de facto Standard; aber auch Tablets haben sich etabliert und sind allgegenwärtig. Viele Haushalte verfügen mittlerweile über eine breitbandige Netzwerkinfrastruktur, was den Trend einerseits ermöglicht hat, andererseits jetzt weiter treibt. Und oftmals scheint die private IT der Firmen-IT technisch voraus. Nachdem gleichzeitig in vielen Branchen die Grenzen zwischen Beruf und Freizeit verschwimmen und wir überall und jederzeit online sind, ist es naheliegend, dass Geräte sowohl beruflich als auch privat genutzt werden. Diese Entwicklung ist Faktum – sie bringt natürlich Vorteile und Risiken, die in oftmals sehr emotional geführten Debatten vertreten werden.

Unter BYOD – Bring your own device – wird die Verwendung von Geräten aus dem Consumerbereich im professionellen Einsatz verstanden. Den Vorteilen wie hoher Komfort in der Nutzung durch ein einziges Gerät (privat und beruflich) und damit höherer Zufriedenheit und somit Produktivität, stehen rechtliche, organisatorische und vor allem sicherheitstechnische Risiken gegenüber.

Der prämierte Beitrag von Disterer & Kleiner in der HMD 290 – Agilität in der IT, zeigt diese Problemstellung auf und gibt vor allem einen umfassenden Überblick über die technischen Lösungsmöglichkeiten. Diese inkludieren den Virtual Desktop, die Session Virtualisation, Web Application, Application Virtualisation, Hybrid Application, Native Application und Virtual Machine. Es wird gezeigt, für welche Formen von Anwendungen welche Variante geeignet ist und welche nicht.

Den Abschluss bildet ein kurzer Abschnitt über die Einführung von BYOD. Mit dem Hinweis, dass eine effiziente Lösung wohl ohne Mobile-Device-Management nicht auskommt.

Die Herausgeber der HMD – Praxis der Wirtschaftsinformatik haben bei diesem Beitrag vor allem die Zielgruppenadressierung sowie den Charakter der Handlungsorientierung positiv bewertet.

Da alle HMD-Beiträge in etwa den gleichen Umfang haben sollen, eine Fragestellung oftmals jedoch umfassender diskutiert werden kann, haben die Autoren ihren prämierten Beitrag für die vorliegende Ausgabe der Essential-Reihe auf Anregung des Verlags in enger Abstimmung mit den Herausgebern der HMD aktualisiert und deutlich erweitert. Neben vertiefender Argumentation ergänzen Abbildungen und hilfreiche Literaturhinweise die ursprüngliche Argumentation.

Bedingt durch diese Änderungen wurde für das vorliegende Buch der neue Titel „Mobile Endgeräte im Unternehmen – Technische Ansätze, Compliance-Anforderungen, Management" gewählt.

Die HMD – Praxis der Wirtschaftsinformatik und der HMD Best Paper Award

Alle HMD-Beiträge basieren auf einem Transfer wissenschaftlicher Erkenntnisse in die Praxis der Wirtschaftsinformatik. Umfassendere Themenbereiche werden in HMD-Heften aus verschiedenen Blickwinkeln betrachtet, so dass in jedem Heft sowohl Wissenschaftler als auch Praktiker zu einem aktuellen Schwerpunktthema zu Wort kommen. Den verschiedenen Facetten eines Schwerpunktthemas geht ein Grundlagenbeitrag zum State of the Art des Themenbereichs voraus. Damit liefert die HMD IT-Fach- und Führungskräften Lösungsideen für ihre Probleme, zeigt ihnen Umsetzungsmöglichkeiten auf und informiert sie über Neues in der Wirtschaftsinformatik. Studierende und Lehrende der Wirtschaftsinformatik erfahren zudem, welche Themen in der Praxis ihres Faches Herausforderungen darstellen und aktuell diskutiert werden.

Wir wollen unseren Lesern und auch solchen, die HMD noch nicht kennen, mit dem „HMD Best Paper Award" eine kleine Sammlung an Beiträgen an die Hand geben, die wir für besonders lesenswert halten, und den Autoren, denen wir diese Beiträge zu verdanken haben, damit zugleich unsere Anerkennung zeigen. Mit dem „HMD Best Paper Award" werden alljährlich die drei besten Beiträge eines Jahrgangs der Zeitschrift „HMD – Praxis der Wirtschaftsinformatik" gewürdigt. Die Auswahl der Beiträge erfolgt durch das HMD-Herausgebergremium und orientiert sich an folgenden Kriterien:

- Zielgruppenadressierung
- Handlungsorientierung und Nachhaltigkeit
- Originalität und Neuigkeitsgehalt
- Erkennbarer Beitrag zum Erkenntnisfortschritt
- Nachvollziehbarkeit und Überzeugungskraft
- Sprachliche Lesbarkeit und Lebendigkeit

Alle drei prämierten Beiträge haben sich in mehreren Kriterien von den anderen Beiträgen abgesetzt und verdienen daher besondere Aufmerksamkeit. Neben dem Beitrag von Georg Disterer und Carsten Kleiner wurden ausgezeichnet:

- Wiedenhofer, André, Flexibilitätspotenziale heben – IT-Wertbeitrag steigern, HMD – Praxis der Wirtschaftsinformatik, Heft 289, Jhg. 50 (2013), S. 107–116.
- Pelzl N.; Helferich A.; Herzwurm, G.: Wertschöpfungsnetzwerke deutscher Cloud-Anbieter. HMD – Praxis der Wirtschaftsinformatik 50 (2013), 292, S. 42–52.

Die HMD ist vor 50 Jahren erstmals erschienen: Im Oktober 1964 wurde das Grundwerk der ursprünglichen Loseblattsammlung unter dem Namen „Handbuch der maschinellen Datenverarbeitung" ausgeliefert. Seit 1998 lautet der Titel der Zeitschrift unter Beibehaltung des bekannten HMD-Logos „Praxis der Wirtschaftsinformatik", seit Januar 2014 erscheint sie bei Springer Vieweg. Verlag und HMD-Herausgeber haben sich zum Ziel gesetzt, die Qualität von HMD-Heften und -Beiträgen stetig weiter zu verbessern. Jeder Beitrag wird dazu nach Einreichung doppelt begutachtet: Vom zuständigen HMD- oder Gastherausgeber (Herausgebergutachten) und von mindestens einem weiteren Experten, der anonym begutachtet (Blindgutachten). Nach Überarbeitung durch die Beitragsautoren prüft der betreuende Herausgeber die Einhaltung der Gutachtervorgaben und entscheidet auf dieser Basis über Annahme oder Ablehnung. Jedes Heft wird zudem nach Erscheinen von einem HMD-Herausgeber hinsichtlich Ausgewogenheit, Vollständigkeit und Qualität der einzelnen Heftbausteine begutachtet. Daraus gewonnene Erkenntnisse tragen zur Weiterentwicklung der Zeitschrift und zur Verbesserung des Betreuungsprozesses durch die Herausgeber bei.

Salzburg Siegfried Reich

Inhaltsverzeichnis

1 **Mobile Endgeräte** 1
   1.1 Private Nutzung 1
   1.2 Betriebliche Nutzung 2
   1.3 Dual-Use 4
   1.4 CYOD oder BYOD 5

2 **Chancen mobiler Endgeräte** 9

3 **Risiken mobiler Endgeräte** 11

4 **Technische Ansätze zur Einbindung mobiler Endgeräte** 13

5 **Compliance-Anforderungen und deren Einhaltung** 17

6 **Richtlinien und Anleitungen** 21

7 **Mobile Device Management** 23

8 **Zusammenfassung und Ausblick** 27

Literatur 29

Mobile Endgeräte

1

Leistungsfähige mobile Endgeräte wie Smartphones und – vor allem – Tablets werden in großem Umfang und weiter zunehmend sowohl im privaten wie auch im beruflichen Bereich eingesetzt. IDC prognostiziert für den Absatz mobiler Endgeräte innerhalb von vier Jahren einen Anstieg um 73 %, dabei ist das Wachstum bei Tablets höher als bei Smartphones. Danach werden im Jahr 2017 mehr Tablets als stationäre PCs und Notebooks verkauft (siehe Abb. 1.1). Die rasch zunehmende Adaption mobiler Endgeräte ist durch deren attraktive Nutzungsmöglichkeiten leicht erklärt: Sie sind komfortabel zu transportieren und zu bedienen, bieten einfachen Zugriff zu alltäglich genutzten Standardanwendungen wie Telefonie und Datendiensten wie Email. Darüber hinaus eröffnen mobile Anwendungen („Apps") eine große Vielfalt von Einsatzmöglichkeiten „jederzeit und überall".

1.1 Private Nutzung

Im privaten Bereich werden Smartphones und Tablets schon seit einigen Jahren von vielen intensiv genutzt. Die Akzeptanz der Benutzer ist groß, Forrester konstatiert „… mobile device adoption explodes …" und erwartet insgesamt 1 Mrd. Benutzer von Smartphones für das Jahr 2016 (Schadler und McCarthy 2012, S. 2). Von überragender Bedeutung für den großen Erfolg dieser Geräte ist das positive Benutzererlebnis. Dies besteht nicht nur aus der nutzen- und funktionsorientierten Reaktion auf die effektive und effiziente Lösung einer bestimmten Aufgabe (Usability), sondern auch aus der emotionalen Reaktion auf ansprechendes Design und komfortable Bedienung (Look & Feel). Im Lebenszyklus der Geräte fällt den

© Springer Fachmedien Wiesbaden 2014

G. Disterer, C. Kleiner, *Mobile Endgeräte im Unternehmen,* essentials,

DOI 10.1007/978-3-658-07024-3_1

1

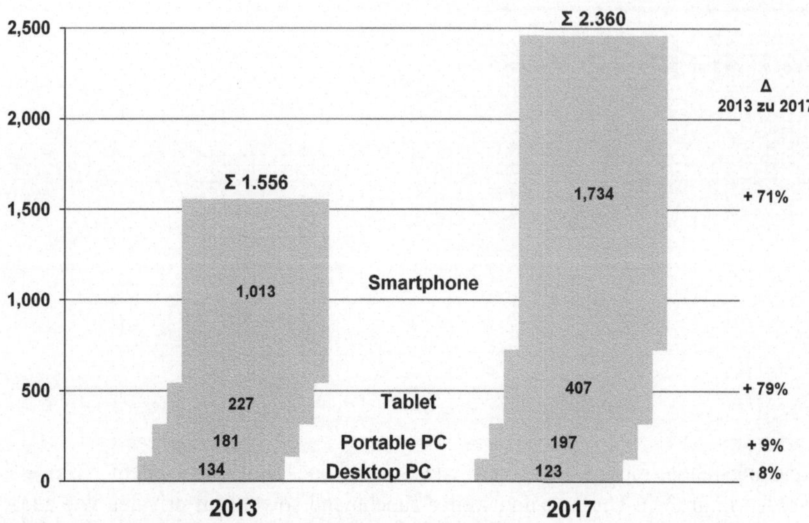

Abb. 1.1 Absatz Endgeräte 2013 und 2017. (nach IDC 2013a)

Anbietern eine Differenzierung bei Nutzen und Funktionen zunehmend schwerer, so dass die Gestaltung der Geräte und der Bedienoberflächen an Bedeutung gewinnt, die Wettbewerbsfaktoren also von einer Entwicklung „vom Funktionieren zum Erleben" (Bechinie et al. 2013) geprägt sind. Die Geräte werden nicht nur nach sachlichen Nutzenkriterien beschafft, sondern auch nach Unterhaltungswert und Image; Mode und Zeitgeist haben starken Einfluss auf die Auswahl zwischen Geräten.

1.2   Betriebliche Nutzung

Beim betrieblichen Einsatz von Smartphones und Tablets wirken verschiedene Effekte, die unter dem Begriff „Consumerization" zusammengefasst werden. Traditionell haben sich in der IT neue Geräte und Technologien erst in Unternehmen verbreitet und wurden dann auch für private Zwecke genutzt. Dieser Innovationspfad beschreibt die Adoption zum Beispiel von PCs, Laserdruckern, Scannern, WLAN und Internet-Anschluss. Bei Smartphones und Tablets verläuft dieser Innovationspfad meist umgekehrt: Die Benutzer kennen die Geräte aus der privaten Nutzung und tragen sie in die Unternehmen im Zuge einer „user-driven innovation" (Györy et al. 2012). Die überragende Rolle von Apple in dieser Entwicklung ist bekannt:

Erst wurden – überwiegend junge – Menschen angesprochen auf private Einsatzszenarien (Musikhören, mobile Kommunikation, Spielen) unter Verwendung einer modernen Anmutung und Betonung des Freizeitvergnügens. Erst später wurden im Marketing auch Unternehmen angesprochen und auf betriebliche Nutzenpotentiale aufmerksam gemacht. Die Mechanismen derartiger Innovationspfade sind wissenschaftlich noch nicht vollständig erschlossen und werden unter verschiedenen Überschriften geführt: „reverse technology-adoption" (Andriole 2012; Moore 2011; Harris et al. 2012) oder „consumer driven technology diffusion" (Niehaves et al. 2012).

Die Folgen derartiger Innovationspfade und Marketingstrategien sind schwerwiegend. So glauben nach einer Studie von Forrester 50 % der 18- bis 31-Jährigen und 40 % der 32- bis 45-jährigen Mitarbeiter, privat „bessere" IT einzusetzen als im Betrieb (Gray 2012, S. 6; Gajar et al. 2013, S. 62). Die Benutzer übertragen ihre Ansprüche aus der privaten in die betriebliche Nutzung, vor allem ihre Ansprüche nach einem Benutzererlebnis inklusive ansprechendem Look & Feel und nach Nutzungsdauern der Geräte, die nicht von Vorschriften zur steuerlichen Abschreibung der Anschaffungskosten, sondern (auch) von Modewellen und individuellen Präferenzen geprägt sind.

Bisher beschränkte sich die betriebliche Nutzung von Smartphones und Tablets überwiegend auf Telefonie und Email (IDC 2012), da diese Anwendungen über ausgereifte Standardschnittstellen und gekapselte Systemumgebungen betrieben werden. Eine darüber hinausgehende betriebliche Nutzung – z. B. Zugang zu Funktionen eines ERP-Systems -, wird vielfach angestrebt und wird zu einem deutlichen Wachstum der für betriebliche Zwecke beschafften Geräte sorgen (IDC 2013b).

Prinzipiell ist der betriebliche Einsatz mobiler Endgeräte durch Notebooks bekannt, mit denen aus der Nähe via VLAN oder WLAN oder aus der Ferne über Internet auf Unternehmensanwendungen zugegriffen werden kann. Der betriebliche Einsatz von Smartphones und Tablets ist jedoch deutlich komplexer, denn die Einsatzszenarien sind sehr unterschiedlich: „anything" (privat und betrieblich), „anywhere" (mobiler Einsatz), „anytime" (während Arbeits- und Freizeit). Die Anbindung der Geräte an die Unternehmens-IT erfolgt über offene Kanäle und öffentliche Netze. Zudem sind die am Markt aktuell gehandelten Endgeräte heterogen. Deren schneller technischer Wandel, die kurzen Versionszyklen sowie die speziellen Systemumgebungen erschweren den betrieblichen Einsatz zusätzlich: Die derzeit dominierenden Plattformen iOS, Android und Windows Phone sowie deren Ausführungsumgebungen weisen noch nicht die Stabilität und Reife auf, die andere betriebliche IT-Umgebungen längst erlangt haben. Die Anzahl der von vielen Benutzern eingesetzten Versionen der Systemumgebungen ist groß, zudem liefern Anbieter ihre Geräte teilweise mit speziell angepassten Systemumgebungen aus (z. B. „provider-branded Android"). Ferner sind die Systemplattformen das Ziel vieler Versuche, Sicherheitsvorkehrungen zu unterlaufen oder auszuhebeln; entsprechend sind häufig Anpassungen zur Erhöhung der Sicherheit notwendig. Aus allen diesen Gründen muss weiter in kurzen Taktungen mit technischen Änderungen der Systemumgebungen durch die Anbieter der Geräte gerechnet werden.

Dennoch ist abzusehen, dass zukünftig vielfältige mobile Endgeräte über einfache Anwendungen wie Telefonie, Email und Web hinaus in die betriebliche Informationsverarbeitung zu integrieren sind, da in Aussicht stehende Produktivitätsgewinne groß sind (Manyika et al. 2013; Gartner 2013). Nach Forrester werden im Jahr 2016 von 350 Mio. Benutzern Smartphones für betriebliche Zwecke eingesetzt werden (Schadler und McCarthy 2012, S. 2).

Neben dieser Herausforderung ist beim betrieblichen Einsatz mobiler Endgeräte dringend die Einhaltung interner und externer Regelungen zur Informationsverarbeitung zu gewährleisten. Der betriebliche Einsatz verursacht zusätzliche und neue Risiken und gefährdet die Compliance. Insbesondere Pressemitteilungen zur zunehmenden Praxis, dass von Endgeräten gespeicherte oder übertragene Daten von Dritten offen oder verdeckt gesammelt und genutzt werden, weisen auf Gefährdungen der Informationssicherheit hin.

1.3 Dual-Use

Der überragende Benutzerkomfort mobiler Endgeräte und die starke Gewöhnung vieler Benutzer an diese Geräte legen nahe, für private und betriebliche Nutzungen identische Geräte einzusetzen. Denn das Gegenteil wirkt plastisch und abschreckend: Benutzer wechseln zwischen verschiedenen mobilen Endgeräten für private und betriebliche Nutzungen und tragen dafür häufig zwei (oder mehr) Endgeräte mit sich herum und müssen verschiedene Bedienkonzepte verinnerlichen. Daher ist ein „dual-use" (Moschella et al. 2004) naheliegend, bei dem ein einziges Gerät sowohl privat als auch betrieblich genutzt wird. Dabei werden entweder vom Unternehmen Endgeräte beschafft, die auch privat – ggf. mit Einschränkungen – genutzt werden dürfen. Oder privat beschaffte Geräte werden auch für betriebliche Zwecke eingesetzt.

Nutzungsarten nach „dual-use" unterstützen und verstärken das Schwinden der Grenzen zwischen privaten und beruflichen Sphären, da per Telefon, Mail oder sozialer Medien die private Kommunikation mit Verwandten, Freunden und Bekannten ebenso wie die berufliche Kommunikation quasi rund um die Uhr aufrecht erhalten werden kann (Disterer und Kleiner 2013).

Für die Ausstattung mit Endgeräten ergeben sich nach „dual-use" verschiedene grundsätzliche Varianten:

- Take this Device: Von Unternehmen wird ein Endgerät (Hersteller, Gerätetyp, Betriebssystem) als Standard ausgewählt und zur Verfügung gestellt; zusätzlich zur betrieblichen Nutzung erhalten die Benutzer für diese Standardgeräte die (ggf. eingeschränkte) Freigabe zur privaten Nutzung.
- Choose one Device: Unternehmen stellen ein Pool einiger verschiedener Endgeräte bereit, aus dem Benutzer ein Gerät auswählen können und für das sie dann zusätzlich zur betrieblichen Nutzung die (ggf. eingeschränkte) Freigabe zur privaten Nutzung erhalten.
- Bring one Device: Unternehmen legen eine Reihe von Endgeräten fest (Hersteller, Gerätetyp, Betriebssystem), deren Nutzung unterstützt werden; Benutzer können entsprechende private Endgeräte auch betrieblich nutzen (ggf. eingeschränkt).
- Bring any Device: Unternehmen sprechen keinerlei Vorgaben aus; Benutzer, die ein Endgerät privat einsetzen, erhalten zusätzlich die (ggf. eingeschränkte) Nutzungsmöglichkeit und Freigabe zur betrieblichen Nutzung

Deutlich erkennbar werden sich die entscheidenden Kriterien Komfort/Benutzerzufriedenheit und Sicherheit/Kontrolle gegenläufig zwischen diesen Varianten bewegen (siehe Abb. 1.2).

Zudem erscheinen die beiden extremen Ausprägungen (siehe Abb. 1.2) eher unrealistisch: Bei „Take this Device" werden die Unternehmen es bei den vorherrschenden kurzen Lebens- und Versionszyklen der Endgeräte kaum schaffen, dauerhaft so attraktive Endgeräte anzubieten, dass diese den unterschiedlichen und schnell wechselnden privaten Präferenzen der Benutzer standhalten. Daher wird der Ansatz „dual-use" dann nicht akzeptiert werden, sondern Benutzer werden stattdessen neben dem Gerät für die betriebliche Nutzung weiterhin das „private Lieblingsgerät" mitnehmen. Bei „Bring any Device" erscheint es kaum möglich, Zugänge zu Anwendungen und Sicherheitsvorkehrungen laufend an die vielen unterschiedlichen marktgängigen Endgeräte anzupassen.

1.4 CYOD oder BYOD

Die verbleibenden Varianten werden zurzeit unter verschiedenen Schlagworten intensiv diskutiert. Bei „Choose one Device" oder „Choose Your Own Device" (CYOD) stellt das Unternehmen eine Auswahl von Endgeräten bereit, die Benutzer

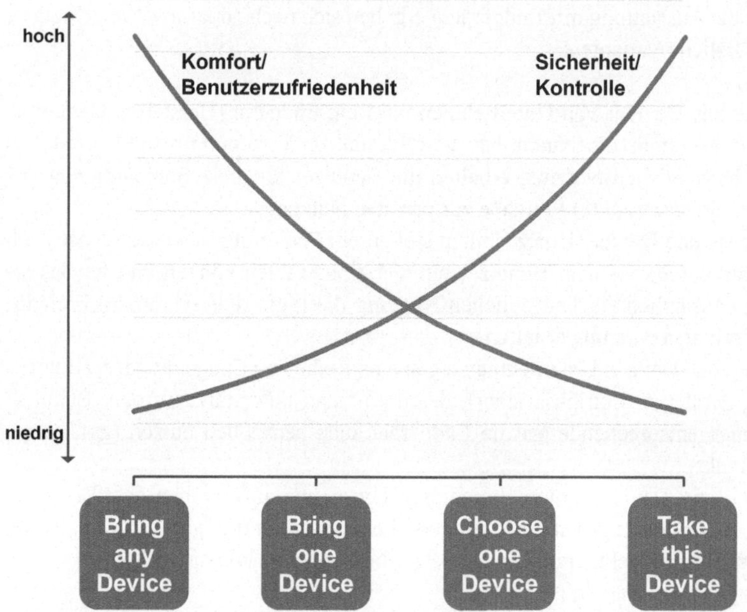

Abb. 1.2 Komfort/Benutzerzufriedenheit und Sicherheit/Kontrolle sind gegenläufig

wählen daraus ein Gerät nach Belieben. Dabei räumen die Unternehmen den Benutzern die private Nutzung betrieblicher Geräte ein – ggf. mit Einschränkungen.

Dagegen steht „Bring one Device" oder „Bring Your Own Device" (BYOD) für die Nutzungsart, dass Arbeitnehmer ihre privaten Geräte auch für betriebliche Zwecke einsetzen, sofern die Vorgaben der Unternehmen eingehalten werden. Dabei sind dann die Eingriffs- und Kontrollmöglichkeiten des Arbeitgebers durch die Eigentumsrechte des Arbeitnehmers eingeschränkt. Zudem ist auch damit zu rechnen, dass die Benutzer ihr eher ungezwungenes und manchmal unvorsichtiges Verhalten bei der Nutzung der Endgeräte von der privaten auf die betriebliche Nutzung übertragen. Das Einsatzszenario BYOD erfährt seit Ende des Jahres 2011 große Aufmerksamkeit. Für Unternehmen stellt sich dabei die Frage, wie der betriebliche Einsatz privater Endgeräte die Effektivität und Effizienz der betrieblichen Informationsverarbeitung steigern kann. Die Chancen liegen vor allem im höheren Benutzerkomfort. Risiken werden im Bereich der Sicherheit und bei Rechtsfragen gesehen und plakativ mit der Auflösung von BYOD durch „Bring Your Own Danger" oder „Bring Your own Desaster" beschrieben. Der zukünftige Umfang wird für erheblich gehalten: Forrester erwartet für das Jahr 2016, dass von den 350 Mio. Endgeräten im betrieblichen Einsatz mehr als die Hälfte im Eigentum der Benutzer stehen (Schadler und McCarthy 2012, S. 2).

Tab. 1.1 Szenarien zum Einsatz mobiler Endgeräte

Einsatz mobiler Endgeräte im betrieblichen Umfeld	Einsatz betrieblicher Endgeräte	Einsatz privater Endgeräte „dual-use"
Einsatz für Telefonie und Email	… Einsatz seit Jahren tradiert z. B. Blackberry/RIM > 90 % der Unternehmen in D	… Einsatz seit Jahren tradiert z. B. Email von zuhause über Web ~50 % der Unternehmen in D
Einsatz für weitergehende betriebliche Anwendungen	… Einsatz seit Jahren tradiert z. B. Notebooks via WLAN o. Web, Remote-Zugriff via VPN ~60 % der Unternehmen in D	*BYOD* … private Endgeräte für den betrieblichen Einsatz über Telefonie und Email hinaus ~33 % der Unternehmen in D

Eine Abgrenzung ist notwendig, um geeignete Vorgehensweisen identifizieren und umsetzen zu können. Schon heute werden in Unternehmen vielfach mobile Endgeräte eingesetzt, etwa für traditionelle Telefonie, Nutzung der Funktionen der TK-Anlage (incl. Kurzwahl, Weiterleitung …), Email sowie für den Zugriff auf zentrale Kalender. Auch ist der Zugriff von zuhause – also meist von privaten Endgeräten – auf Emails über Web-Server verbreitet. Daher ist BYOD abzugrenzen gegenüber anderen Einsatzarten. Zu unterscheiden ist nach dem Eigentum an den Endgeräten sowie nach der Einsatzart für Telefonie und Email oder für weitergehende Anwendungen (siehe Tab. 1.1). Für die Quadranten sind die Verbreitungsgrade für deutsche Unternehmen nach einer neueren Studie angegeben (IDC 2012, S. 4–5).

Die Einsatzart der Endgeräte ist entscheidend, da Telefonie und Email über ausgereifte Standardschnittstellen betrieben werden. Die Systemumgebungen sind gekapselt, sodass Unternehmensdaten und -anwendungen ungefährdet sind. So sind Emails über ein Web-Interface zu bearbeiten, ohne Unternehmensdaten auf dem Endgerät zu speichern. Der über Telefonie und Email hinausgehende Zugriff auf Unternehmensdaten und -anwendungen ist meist aufwändig herzustellen und abzusichern.

Das Eigentum an den Endgeräten ist entscheidend, da für betriebliche Geräte die Auswahl, Installation und Pflege den Unternehmen obliegen und die private Nutzung eingeschränkt oder unterbunden werden kann. Jedoch wird damit den Benutzern ein „dual-use" vorenthalten und zugemutet, für betriebliche und private Zwecke zwei verschiedene Endgeräte einzusetzen. Hingegen lässt der Einsatz privater Endgeräte immer „dual-use" zu, da Eigentümern der Endgeräte die freie Verwendung nicht versagt werden kann.

Chancen mobiler Endgeräte 2

Chancen und Vorteile der Nutzung mobiler Geräte sind bereits skizziert. Vor allem bei „dual-use" – beim gleichzeitigen Einsatz für private und berufliche Zwecke – entstehen zusätzliche Vorteile. Der überragende Vorteil liegt im damit gebotenen Benutzerkomfort, nur ein einziges Endgerät einzusetzen in allen Szenarien:

- „Anything": … private und betriebliche Nutzung
- „Anywhere": … mobiler Einsatz
- „Anytime": … Nutzung in Arbeits- und Freizeit.

Auch wird damit auf die zunehmende Durchdringung von Privat- und Berufsleben reagiert, mit den Merkmalen: flexible Arbeitszeiten, Arbeitsmöglichkeiten zuhause und unterwegs, hohe Anforderungen sowohl an die berufliche wie an die private Erreichbarkeit, wenn Verpflichtungen im persönlichen oder sozialem Umfeld zunehmend auf Rücksicht durch Unternehmen stoßen.

Der höhere Benutzerkomfort führt zu einer höheren Benutzerzufriedenheit und zu höherer Produktivität im betrieblichen Einsatz. Beim Einsatz privater Geräte (BYOD) wird dies durch weitere Effekte verstärkt: Benutzer spüren durch die selbstständige Beschaffung der Geräte Autonomie und können relativ frei ihren persönlichen Präferenzen folgen. Der Umgang mit den Geräten wird in der Regel von größerer Sorgfalt geprägt sein, wenn diese im privaten Besitz sind. Zudem entfallen viele (mühsame) Diskussionen im Unternehmen zu Gerätestandards. Der Einsatz privater Endgeräte weist auf ein modernes Arbeitsumfeld und steigert damit die Attraktivität der Unternehmen als Arbeitgeber (D'Arcy 2011, S. 6).

© Springer Fachmedien Wiesbaden 2014
G. Disterer, C. Kleiner, *Mobile Endgeräte im Unternehmen,* essentials,
DOI 10.1007/978-3-658-07024-3_2

Risiken mobiler Endgeräte

Mobile Endgeräte sind nach Expertenbefragungen als bedeutendste Sicherheitsrisiken einzustufen (Deloitte 2011, S. 16; KPMG 2013, S. 17). Bedroht sind vor allem die Grundwerte der Vertraulichkeit, Integrität und Authentizität der Unternehmensdaten. So wird die Vertraulichkeit verletzt, wenn Unbefugte Zugang zu schutzwürdigen Personen- oder vertraulichen Unternehmensdaten erlangen, weil sie Endgeräte missbrauchen oder Datenübertragungen abhören. Manipulationen, die durch unsichere Endgeräte ausgeführt werden, bedrohen die Integrität der Unternehmensdaten. Die Authentizität ist in Gefahr, wenn über Endgeräte ausgelöste Geschäftsvorfälle nicht eindeutig zuzuordnen sind.

Unzureichend gesicherte Endgeräte können durch vorsätzliches oder nachlässiges Handeln zu unautorisierten Datennutzungen führen. Bei privaten Endgeräten (BYOD) ist damit zu rechnen, dass Benutzer eher achtloses oder unvorsichtiges Verhalten von der privaten auf die betriebliche Nutzung übertragen. Zu beachten ist insbesondere, dass einige aktuelle Systemplattformen die Speicherung von Daten auf dem mobilen Gerät auf Cloud-Servern des Anbieters, vordergründig zur Datensicherung, einfordern bzw. deren Umgehung mit Einbußen im Benutzerkomfort bestrafen. Auch sind private Geräte oft weniger professionell mit Schutzprogrammen und –mechanismen ausgerüstet wie die von der betrieblichen IT-Abteilung gepflegten Geräte; dies betrifft zum Beispiel die Installation und zeitnahe Aktualisierung von Antivirus-Software, Patches von Software, Updates von Firmware und Systemkonfigurationen. Zudem sind für die betriebliche Nutzung Gesetze und Auflagen wie Pflichten zur Dokumentation, Archivierung und Datensicherung zu erfüllen und die Revisionssicherheit zu sichern. Entsprechend müssen die privaten Daten (Kontakte, Adressen, Fotos, Dokumente) des Endbenutzers vor dem Zugriff

© Springer Fachmedien Wiesbaden 2014

G. Disterer, C. Kleiner, *Mobile Endgeräte im Unternehmen*, essentials,

DOI 10.1007/978-3-658-07024-3_3

des Unternehmens geschützt werden. Zugleich müssen dem Unternehmen Einsichtsrechte in die betrieblichen Daten gewährt werden. Mängel bei der Trennung zwischen privater und betrieblicher Sphäre verursachen erhebliche Risiken.

Zudem wird die Komplexität der zu beherrschenden Informationstechnik gesteigert, wenn private und betriebliche Nutzung vieler verschiedener Endgeräte unterschieden werden müssen. Dadurch entstehen zusätzliche Sicherheitsrisiken, zugespitzt formuliert „Complexity is the enemy of security" (Johnson 2012, S. 6).

Für den Support von Benutzern werden Probleme befürchtet (D'Arcy 2011, S. 5). Zu erwarten ist, dass eine Vielzahl und ein breites Spektrum an Endgeräten unterstützt werden müssen, wobei die Geräte schneller gewechselt werden, als es bei betrieblichen Geräten bekannt ist. Benutzer werden Unterstützung bei der Registrierung der selbstständig beschafften Endgeräte und der Installation von Software benötigen, Hilfestellungen bei technischen Friktionen zwischen privater und betrieblicher Nutzung erwarten sowie Beistand bei Defekten oder bei Verlusten der Geräte fordern.

Organisatorischen Risiken, die bei BYOD durch neue Alltagssituationen entstehen, ist unternehmensspezifisch entgegenzutreten. Der neue Regelungsbedarf wird verursacht durch die Eigentumsrechte des Benutzers, mit denen er über das Endgerät frei verfügen kann. So ist zu klären, welche Abläufe für den Fall des Verlusts des Endgeräts (durch Verlieren oder Diebstahl) vorgesehen sind. Wie wird das Löschen der Speicherinhalte des Endgeräts initiiert und durchgeführt? Stellt der Arbeitgeber ein Ersatzgerät, damit der Benutzer arbeitsfähig bleibt? Darf die GPS-Ortung des Endgeräts eingesetzt werden – auch wenn nicht ausgeschlossen werden kann, dass ein Lebenspartner das Endgerät versehentlich mitgenommen hat? Wie ist umzugehen mit der Klage von Benutzern: „Seit der Installation der betrieblichen Software auf meinem Endgerät funktioniert meine private Software nicht mehr." Wie wird bei Ende des Arbeitsverhältnisses sichergestellt, dass betriebliche Unterlagen (in Form von Kontaktdaten, Emails, Dateien u. a.) für das Unternehmen und nicht mehr für den Benutzer verfügbar sind?

Technische Ansätze zur Einbindung mobiler Endgeräte

4

„Für die betriebliche Nutzung" mobiler Endgeräte über Telefonie und Email hinaus sind verschiedene technische Lösungen denkbar, die sich danach unterscheiden, in welchem Umfang Geschäftsanwendungen entweder auf den Endgeräten oder auf zentralen Servern ablaufen. Ziel ist einerseits die Isolierung betrieblicher Anwendungen zum Erhalt der Informationssicherheit, andererseits die weitestgehend unveränderte Verwendung gewohnter Oberflächen und Funktionen der Endgeräte zur Sicherung des Benutzererlebnisses. Abb. 4.1 stellt das Spektrum technischer Lösungsansätze als Varianten der Verteilung einer Geschäftsanwendung zwischen mobilen Endgeräten und Servern dar; die Ansätze werden anschließend skizziert, eine ausführlichere Darstellung ist in (Disterer und Kleiner 2013) zu finden.

Beim virtuellen Desktop (1) wird vom Endgerät eine virtuelle Maschine oder Anwendung auf einem zentralen Server gestartet und dort komplett ausgeführt (vergleichbar mit dem Einsatz von Terminalservern für PCs). Dafür sind allerdings hohe Bandbreiten bei geringer Latenz sowie die Installation und Pflege einer entsprechenden Systemplattform zur Virtualisierung notwendig.

Eine Sitzungsvirtualisierung (2) ist einem virtuellen Desktop ähnlich, jedoch wird die Aufbereitung der Benutzeroberfläche vom Endgerät übernommen. Da die Unternehmensanwendung auf dem Endgerät nur angezeigt und nicht ausgeführt wird, hat sie keinerlei Einfluss auf das System des Endgeräts; zudem werden keine Daten lokal abgelegt. Auch dieser Ansatz ist nur mit zuverlässigen Netzverbindungen großer Bandbreite nutzbar.

Web-Anwendungen (3) sind spezielle Implementierungen der Sitzungsvirtualisierung und besitzen große praktische Bedeutung beim Einsatz mobiler Endgeräte. Die Anwendung wird von einem Web-Server bereitgestellt, auf den Clients werden

© Springer Fachmedien Wiesbaden 2014
G. Disterer, C. Kleiner, *Mobile Endgeräte im Unternehmen*, essentials,
DOI 10.1007/978-3-658-07024-3_4

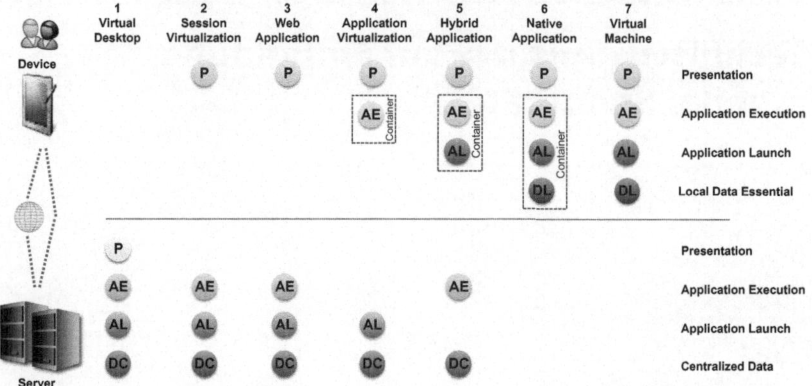

Abb. 4.1 Technische Lösungsansätze

herkömmliche Web-Browser eingesetzt. Die Positionierung in Abb. 4.1 gilt, sofern der Browser nur der Darstellung dient, also z. B. bei klassischem HTML. Bei derzeit populären Web-Anwendungen mit JavaScript oder erweiterten Funktionen von HTML5 wird ein Teil der Anwendungslogik auf dem Endgerät ausgeführt, damit wäre dies dann als hybride Anwendung – siehe (5) – anzusehen. Der technologische Aufwand sowie die erforderlichen Bandbreiten sind relativ gering. Allerdings sind die Bedrohungen – im Vergleich zu (1) und (2) – größer, da auf dem Endgerät durch den Web-Browser, zumindest prinzipiell, Code mit unerwünschten Nebenwirkungen ausgeführt werden könnte.

Bei der Anwendungsvirtualisierung (4) wird die ausführbare Anwendung auf einem Server im gesicherten Unternehmensnetz bereitgestellt. Beim Start der Anwendung bezieht das Endgerät eine ausführbare Datei vom Server und führt diese dann lokal aus. In der Regel geschieht dies in einem isolierten Teil des Endgeräts (auch als „Sandbox" oder „Container" bezeichnet). Die Risiken eines unberechtigten Zugriffs auf die Anwendung sowie der Kompromittierung des Endgeräts sind damit gering. Allerdings ist die Integrität des Betriebssystems des Endgeräts bedeutend.

Bei hybriden Anwendungen (5) werden die Vorteile von Web-Anwendungen mit denen nativer Anwendungen kombiniert. Dazu werden Web-Anwendungen ergänzt um Teile, die lokal auf dem Endgerät ausgeführt und mit JavaScript, HTML5 oder nativen Programmiersprachen umgesetzt werden. Sie sind daher bezüglich Sicherheitsaspekten wie native Anwendungen anzusehen. Hybride Anwendungen können das typische Look & Feel des spezifischen Endgeräts bieten und gerätespezifische Funktionen nutzen. Zudem ist ein Offline-Betrieb prinzipiell möglich. Die technischen Anforderungen an die Endgeräte sind deutlich höher und der Aufwand für die Unterstützung verschiedener Endgeräte-Plattformen steigt. Der Aufwand kann mit Frameworks wie jQuery Mobile, Phone Gap oder Titanium Mobile vermindert werden.

Native Anwendungen (6) sind besonders aus dem Consumer-Bereich bekannt. Dabei werden Anwendungen in der jeweiligen Entwicklungsumgebung der Plattform erstellt, dann im jeweiligen Verteilungskanal (z. B. App Store, Play Store) bereitgestellt, vom Benutzer bezogen und lokal auf dem Endgerät installiert und ausgeführt. Neben dem für die Plattform typischen Look & Feel ist ein Offline-Betrieb bei lokaler Datenspeicherung möglich. Durch die starke Integration in das lokale System eines privaten Endgeräts ist die Trennung von Unternehmens- und Privatdaten nur schwer zu kontrollieren, insbesondere wenn dies nicht vom Betriebssystem unterstützt wird. U. a. hierzu wird daher meist zusätzlich eine Software zum Mobile Device Management (vgl. Abschn. 7) eingesetzt. Zur Entwicklung nativer Anwendungen sind profunde Entwicklungskenntnisse und hoher Entwicklungsaufwand – bei der Unterstützung mehrerer Plattformen sogar für verschiedene Umgebungen – notwendig.

Bei virtuellen Maschinen (7) wird die Idee der Virtualisierung von Anwendungen auf die Virtualisierung von Plattformen erweitert. Dabei werden auf den Endgeräten komplette Systeme in Form einer virtuellen Maschine einschließlich Anwendungslogik eingerichtet. Dies geschieht meist in einem dezidierten Installationsvorgang, dann wird beim Aufruf von Anwendungen eine virtuelle Maschine mit einer speziellen Abspielsoftware („Player") ausgeführt. Die Ausführung erfolgt in einem isolierten und gesicherten Bereich („Sandbox" oder „Container").

Ein Vergleich der Lösungsansätze zeigt: Je größer der Anteil der Unternehmensanwendung ist, der auf dem Endgerät ausgeführt wird (also von links nach rechts in Abb. 4.1), desto:

- … besser kann eine Anwendung an das jeweilige Bedienungsmodell eines Endgeräts angepasst werden. Allerdings wird zugleich die Implementierung der Anwendung aufwändiger und komplexer.
- … wichtiger ist die Sicherstellung der Datensicherheit auf dem Endgerät, da ein größeres Bedrohungspotenzial besteht. Lokal auszuführende Anwendungen oder Anwendungsteile sind gezielt (z. B. durch Container) zu sichern. Bei lokal gespeicherten Unternehmensdaten sind adäquate Sicherungen vorzusehen.
- … eher ist die Implementierung einer offline-fähigen Anwendung möglich.

Die Vor- und Nachteile der Lösungsansätze verhalten sich gegenläufig und sind bei einer Entscheidung abzuwägen. Bei weniger sicherheitskritischen Anwendungen können eher die Vorteile der weiter rechts (Abb. 4.1) stehenden Ansätze genutzt werden. Beispielsweise werden native iPhone-Apps immer deutlich komfortabler wirken als Web-Anwendungen. Umgekehrt werden für sicherheitskritische Anwendungen eher die weiter links (Abb. 4.1) stehenden Lösungsansätze gewählt.

Compliance-Anforderungen und deren Einhaltung

5

Die wichtigsten Compliance-Anforderungen für mobile Endgeräte ergeben sich vor allem aus Gesetzen wie dem Bundesdatenschutzgesetz BDSG, lassen sich aber ebenso aus Regelwerken wie den IT-Grundschutz-Katalogen des BSI oder Vorgaben aus ISO 27000 ableiten. Bei der folgenden Diskussion wird vorausgesetzt, dass vor der Nutzung mobiler Endgeräte eine den Sicherheitsanforderungen genügende IT-Umgebung vorliegt; diskutiert wird „nur" der durch mobile Endgeräte zusätzlich ausgelöste Bedarf an Sicherheitsmaßnahmen. Ausgangslage sind also bestehende und hinreichende Sicherheitsmaßnahmen, die für mobile Endgeräte zu erweitern oder zu übertragen sind. Davon ausgehend, dass in aller Regel personenbezogene Daten (z. B. von Kunden, Mitarbeitern o. a.) verarbeitet werden, werden in der Horizontalen von Abb. 5.1 die Anforderungen nach der Anlage zum § 9 BDSG aufgeführt, die laut Gesetz mit geeigneten technischen und organisatorischen Maßnahmen zu erfüllen sind. Diesen Anforderungen werden geeignete Maßnahmen gegenübergestellt, dabei wird unterschieden, ob sie vornehmlich dezentral auf den mobilen Endgeräten und bei den Benutzern (oben in Abb. 5.1) oder zentral auf Serversystemen (unten in Abb. 5.1) umzusetzen sind.

Die Zutrittskontrolle verlangt Maßnahmen, Unbefugten die Nutzung oder Zerstörung von IT-Systemen oder Geräten zu verwehren. Technische und physische Maßnahmen, wie sie etwa zur Sicherung von Rechnerräumen oder stationären Endgeräten bekannt sind, scheiden bei mobilen Endgeräten weitestgehend aus, zumal wenn bei der Nutzungsart BYOD die Geräte im Besitz der Benutzer sind und somit deren alleiniger Obhut unterliegen. Dann basiert eine Zutrittskontrolle nur auf der Vorsicht und Sorgfalt der Benutzer, die es durch Hinweise und durch geeignete Anweisungen in Form von Richtlinien zu stärken gilt. Übliche Einsatzsze-

© Springer Fachmedien Wiesbaden 2014

G. Disterer, C. Kleiner, *Mobile Endgeräte im Unternehmen,* essentials,

DOI 10.1007/978-3-658-07024-3_5

| | Anforderungen nach BDSG | | | | | | | |
	Zutritts-kontrolle	Zugangs-kontrolle	Zugriffs-kontrolle	Weitergabe-kontrolle	Eingabe-kontrolle	Auftrags-kontrolle	Verfüg-barkeits-kontrolle	Trennungs-gebot
Endgerät	• Vorsicht und Sorgfalt des Benutzers • Meldepflichten und -wege für Benutzer bei Verlust von Endgeräten	• Passwortschutz der Endgeräte • Regeln zu Wartung und Reparatur	• Virenschutz für Endgeräte • Schutz vor Zugriff auf Anwendungen durch Unberechtigte	• Container bei lokaler Speicherung • Verschlüsselung bei Übertragung • Unterbindung von Screenshots und Zwischenablage in Geschäftsanwendungen • Unterbindung der Nutzung fremder Cloud-Dienste • Zulassen und Ausführen von wipe-out	./.	• Ausschließlich dafür vorgesehene Anwendungen haben Zugriff auf Daten • Unterbindung von Screenshots und Zwischenablage in Geschäftsanwendungen • Unterbindung der Nutzung fremder Cloud-Dienste	./.	• Ausschließlich dafür vorgesehene Anwendungen haben Zugriff auf Daten • Unterbindung von Screenshots und Zwischenablage in Geschäftsanwendungen • Unterbindung der Nutzung fremder Cloud-Dienste
Server	• Integrität des Geräts: Netzzugangskontrolle	• Authentifizierung der Benutzer	• Kontrolle der Rollen/Berechtigungen der Benutzer	• Verschlüsselung bei Übertragung • Beauftragen und Auslösen von wipe-out	• Eindeutige Zuordnung von Geräten und Benutzern • Protokollierung	• Kontrolle und Prüfung der Geräte und lokalen Datenverarbeitung	• Datensicherung (Backup) lokaler Daten • Vorkehrungen für Recovery der Endgeräte • Bereitstellung von Ersatzgeräten	./.

Abb. 5.1 Sicherheitsanforderungen und grundlegende Maßnahmen

narien mobiler Endgeräte im öffentlichen Raum (Bahn, Flugzeug, Cafe) erhöhen nicht nur das Risiko eines Diebstahls, sondern auch das der Einsichtnahme auf den Bildschirm und damit des einfachen Ausspähens sensibler Daten über „Shoulder Surfing". Hierfür ist die Aufmerksamkeit der Benutzer zu wecken und deren Sensibilität zu schärfen. Zudem sind Meldepflichten und Meldewege für den Fall des Verlusts eines Endgeräts (durch Verlieren oder Diebstahl) zu etablieren. Serverseitig ist mit technischen Netzzugangskontrollen zu gewährleisten, dass nur autorisierte Endgeräte Zugang zum internen Netzwerk eines Unternehmens erhalten.

Maßnahmen der Zugangskontrolle sollen die Nutzung der IT-Systeme durch Unbefugte verhindern. Für die Endgeräte ist daher ein Passwortschutz notwendig, zudem ist durch Anweisungen zu verhindern, dass Unbefugte bei Wartungs- und Reparaturarbeiten Zugang erhalten, etwa wenn ein Gerät zum „PC-Doktor des Vertrauens" des Benutzers gegeben wird. Serverseitig sind Benutzer mobiler Endgeräte den etablierten Authentifizierungsmechanismen des Unternehmens zu unterwerfen.

Zugriffskontrollen sollen sicherstellen, dass betriebliche Anwendungen des Unternehmens ausschließlich durch dafür ausdrücklich Berechtigte genutzt werden können. Die Nutzung der auf den Endgeräten installierten Anwendungen oder Anwendungsteile muss also für Unbefugte, die Zugriff auf das Endgerät haben, unterbunden werden. Dafür werden heute in der Regel Methoden zur Authentifizierung genutzt. Die Endgeräte müssen zudem mit wirksamen Maßnahmen zum Virenschutz ausgestattet sein, damit die Zugriffskontrollen nicht unterlaufen werden (z. B. mit „back door"). Serverseitig sind Benutzer mobiler Endgeräte den etablierten Berechtigungssystemen zu unterwerfen, die meist an die o. g. Authentifizierung gebunden sind.

Mit Maßnahmen der Weitergabekontrolle soll verhindert werden, dass Daten unbefugt gelesen, kopiert, verändert oder entfernt werden. Dies wird in der Regel durch technische Vorkehrungen wie Container erreicht, durch die betriebliche Anwendungen und Daten gekapselt und so vor Unbefugten geschützt werden. Zusätzlich müssen Daten bei der Übertragung – etwa zwischen Server und Endgeräten – sowie bei der Speicherung auf Endgeräten verschlüsselt werden. Um das Unterlaufen dieser Sicherungsmaßnahmen zu verhindern, muss ggf. separat und zusätzlich verhindert werden, dass Daten durch Screenshots oder Zwischenablagen aus den geschützten Bereichen transferiert und dass externe Cloud-Dienste zur Übertragung und Speicherung von Daten genutzt werden. Für den Fall des Verlusts eines Endgeräts oder bei Ende des Arbeitsverhältnisses eines Benutzers muss – als ultima ratio – auf einem Endgerät ein Löschvorgang initiiert und ausgeführt werden können („remote wipe-out"). Einige dieser Funktionen werden durch Software zum Mobile Device Management (vgl. Abschn. 7) bereitgestellt.

Spezielle Maßnahmen der Eingabekontrolle sind auf Seiten der Endgeräte nicht notwendig, da diese in der Regel personalisiert sind und damit einen Rückschluss von Eingaben, Änderungen oder Löschungen auf den Benutzer zulassen. Serverseitig ist eine eindeutige Zuordnung von Endgeräten und Benutzern vorzuhalten, damit bei der Übertragung eingegebener, geänderter oder gelöschter Daten vom Endgerät zum Server die Zuordnung zum jeweiligen Benutzer gelingt und Schnittstellen zu zentralen Systemen der Eingabekontrolle (etwa Protokollierung) angesprochen werden können. Dies kann durch Software zum Mobile Device Management (vgl. Abschn. 7) unterstützt werden.

Zur Auftragskontrolle muss auf den Endgeräten sichergestellt werden, dass ausschließlich dafür vorgesehene Anwendungen Zugriff auf die jeweiligen Daten haben. Dies wird in der Regel durch Container erreicht, die betriebliche Anwendungen und Daten kapseln. Das Unterlaufen dieser Sicherungsmaßnahmen durch Screenshots, Zwischenablage oder Cloud-Dienste (siehe oben) ist zusätzlich technisch zu verhindern. Zudem müssen für das Unternehmen Möglichkeiten der Kontrolle und Prüfung der Endgeräte bestehen. Dafür scheint eine organisatorische Lösung wie etwa ein regelmäßiges Vorlegen der Endgeräte zur Prüfung kaum praktikabel, so dass entsprechende technische Maßnahmen im Zuge der Netzzugangskontrolle durchzuführen sind. Diese können ebenfalls durch Software zum Mobile Device Management und entsprechende Services realisiert werden.

Spezielle Maßnahmen der Verfügbarkeitskontrolle sind auf Seiten der Endgeräte nicht sinnvoll, da klassische Maßnahmen wie das Anlegen von Datensicherungen dezentral beim Benutzer unkomfortabel wären und neue Risiken bergen. Daher müssen lokale und zentrale Datenbestände regelmäßig synchronisiert werden, damit zentrale Maßnahmen zur Datensicherung greifen. Serverseitig sind daher Verfahren der regelmäßigen zentralen Sicherung aller lokal gespeicherten Daten zu implementieren. Bei ausreichend kurzen Zeiträumen der Synchronisierung ist das Restrisiko eines Verlusts lokaler Daten vergleichbar niedrig wie beim Verlust von anderen Arbeitsunterlagen, die Benutzer mobil bearbeiten. Entsprechend müssen Verfahren aufgesetzt werden, mit denen nach einem Notfall ein Recovery für die Endgeräte durchgeführt werden kann. Vorkehrungen müssen getroffen werden, um bei technischen Ausfällen von Endgeräten Benutzer, die auf mobile Geräte angewiesen sind, zeitnah mit Ersatz auszustatten.

Zur Sicherung des Trennungsgebots müssen auf den Endgeräten ähnliche Maßnahmen und Vorkehrungen wie zur Auftragskontrolle getroffen werden. Serverseitig sind keine zusätzlichen Maßnahmen notwendig.

Über die hier am Datenschutz ausgerichteten Anforderungen hinaus gibt es eine Reihe weiterer Compliance-Anforderungen, die zu beachten sind. Bei gleichzeitiger privater und betrieblicher Nutzung der Endgeräte („dual use") sind die Lizenzen der eingesetzten Software auf Eignung zu prüfen. Bei der Freigabe oder Duldung des privaten Einsatzes betrieblicher Geräte und Lizenzen muss die Zulässigkeit der privaten Nutzung von Programmen (Kommunikation, Office …) gewährleistet sein. Je nach technischem Lösungsansatz können zwei verschiedene Lizenzen derselben Software erforderlich sein, um private und berufliche Nutzung abzudecken. Beim Einsatz privater Geräte (BYOD) muss sicher sein, dass private Lizenzen auch für den betrieblichen Einsatz genutzt werden dürfen. Andernfalls drohen Unterlassungs-, Schadenersatz- oder Nachvergütungsansprüche an Arbeitgeber und Arbeitnehmer aus dem Urheberrecht.

Eine Reihe der genannten Anforderungen und Maßnahmen ist nicht ausschließlich technischer, sondern organisatorischer Art und erfordert auch ein geeignetes Verhalten der Benutzer. Die entsprechenden Maßnahmen und Hinweise zum geeigneten Verhalten sollten den Benutzern durch Anweisungen oder Richtlinien bekannt gegeben werden. Zusätzlich sind Initiativen und Aktionen zum Aufbau eines ausreichenden Sicherheitsbewusstseins („security awareness") bei den Benutzern notwendig, um den spezifischen Risiken mobiler Endgeräte zu begegnen.

Richtlinien und Anleitungen 6

Anders als stationäre Endgeräte, die innerhalb der betrieblichen Umgebung Unternehmen weitreichende physische und technische Zugriffs- und Sicherungsmöglichkeiten bieten, sind mobile Endgeräte meist der alleinigen Obhut der Benutzer ausgesetzt. Damit kommt den Benutzern besondere Verantwortung für einen vorsichtigen und sorgfältigen Umgang mit den Geräten zu. Daher sollte bei ihnen das Bewusstsein („Awareness") dafür gezielt geschärft werden, sei es durch Hinweise oder durch spezielle Anleitungen und Hilfestellungen, die an ihre Verantwortung erinnern. Zudem sind die Benutzer mit Richtlinien zu adäquatem Verhalten zu verpflichten, die in der Regel mindestens folgende Inhalte zum Einsatz mobiler Endgeräte umfassen:

- Hinweis auf Gültigkeit bereits bestehender Benutzerbestimmungen und Sicherheitsrichtlinien auch für den Einsatz mobiler Endgeräte
- Verbot des Unterlaufens technischer Sicherheitsmaßnahmen oder ähnlicher Änderungen am Endgerät („jailbreaking", „rooten")
- Hinweis auf besondere Pflicht zu Aufmerksamkeit und Sorgfalt im Umgang mit mobilen Endgeräten
- Hinweis auf Pflicht zur kritischen Prüfung automatisch bereitgestellter Gerätefunktionen, die Einfluss auf die Datenintegrität haben können (z. B. automatisierte Datensicherung auf Cloud-Servern des Anbieters)
- Verbot, Unbefugten den Zugang zu den Endgeräten zu gewähren (auch nicht zu Wartung/Reparatur)
- Recht des Arbeitsgebers auf Zugriff auf lokal gespeicherte betriebliche Daten

© Springer Fachmedien Wiesbaden 2014
G. Disterer, C. Kleiner, *Mobile Endgeräte im Unternehmen,* essentials,
DOI 10.1007/978-3-658-07024-3_6

- Recht des Arbeitsgebers auf Inspektion des Endgeräts, Überprüfung von Systemeinstellungen (Virenschutz), Änderung von Konfigurationen
- Hinweise auf Meldepflichten und -wege bei Ausfall oder Verlust des Geräts und auf Regeln zur Ausgabe von Ersatzgeräten
- Hinweise zur Registrierung neuer Endgeräte
- Hinweise auf zulässige und unzulässige Software (white/black list)
- Hinweise zur Organisation und zu Abläufen der Datensicherung und ggf. Rücksicherung

Um geeignetes Verhalten der Benutzer mobiler Endgeräte zu etablieren, sind flankierende Maßnahmen umzusetzen, um ein ausreichendes Sicherheitsbewusstsein („security awareness") zu verankern.

Mobile Device Management 7

Beim Einsatz mobiler Endgeräte sind bei allen technischen Lösungsansätzen zur Sicherstellung der Compliance ähnliche Anforderungen zu bewältigen, wenn auch mit unterschiedlichem Umfang. Viele dieser Aufgaben werden unter dem Begriff Mobile Device Management (MDM) zusammengefasst und durch entsprechende Werkzeuge technisch unterstützt. Diese Werkzeuge nutzen Schnittstellen, die von den Betriebssystemen der Endgeräte zur zentralen Administration und Konfiguration bereitgestellt werden (Petersen et al. 2014, S. 13). Grundlegende Funktionen der Werkzeuge aus den Bereichen Inventarisierung, Fernkonfiguration, Wartung und Überwachung in Echtzeit sowie Überwachung sicherheitsrelevanter Einstellungen sind in Tab. 7.1 überblicksartig dargestellt. Einige davon werden im Folgenden exemplarisch kurz erläutert.

In jedem Fall muss sichergestellt werden, dass die Basissoftware der Endgeräte nicht mit Schadsoftware kompromittiert ist. Beim Einsatz privater Endgeräte kann dies keineswegs vorausgesetzt werden, sondern erfordert eine gezielte Überwachung. Endgeräte, die auf das Unternehmensnetz und -anwendungen zugreifen können, sollten im Zuge einer Registrierung erfasst und zentral verwaltet werden. Insbesondere bei lokaler Speicherung von Daten auf den Endgeräten müssen Unternehmen die Möglichkeit besitzen, alle Unternehmensdaten vom Endgerät zu entfernen (Remote Wipeout), wenn der Datenzugriff nicht mehr gestattet werden soll (z. B. Verlust, Diebstahl, Ende des Arbeitsverhältnisses). Diese Anforderung ist insbesondere schwer zu erfüllen, wenn die Geräte automatisch Daten (z. B. Fotos) auf Cloud-Servern der Anbieter sichern; diese automatischen Funktionen müssen also durch die MDM-Software unterbunden werden können.

© Springer Fachmedien Wiesbaden 2014
G. Disterer, C. Kleiner, *Mobile Endgeräte im Unternehmen,* essentials,
DOI 10.1007/978-3-658-07024-3_7

Tab 7.1 Funktionen zur Unterstützung von Mobile Device Management

Betriebliche Funktionen	*Administrative Funktionen*
• Unterstützung mehrerer Betriebssysteme/ Plattformen • Unterstützung bei der Verteilung von Anwendungen und Versionen (roll-out) • Integration in bestehende IT-Umgebung	• Verwaltung der Endgeräte • Backup-Funktion zur Verfügbarkeitskontrolle • Verwaltung von Richtlinien • Verwaltung von Anwendungskatalogen • Verwaltung von Zertifikaten (u. a. zur Zugangs-, Zugriffs- und Eingabekontrolle) • Rollenbasiertes Berechtigungssystem (Zugriffskontrolle)
Allgemeine Sicherheitsfunktionen	*Spezifische Sicherheitsfunktionen*
• Überwachung/Konfiguration von Betriebssystemversionen und Einstellungen der Endgeräte • Fernüberwachung des Verhaltens der Geräte (zur Zugangs- und Zugriffskontrolle) • Überwachung des Passwortschutz der Geräte (Zugangskontrolle) • Root Detection • Verhinderung von Schadsoftware • Remote Lock and Wipe • Bereitstellung verschlüsselter Kanäle zur Kommunikation (Weitergabekontrolle)	• Kontrolle und Beschränkung der auf Endgeräten installierten Anwendungen • Kontrolle und Beschränkung der auf Endgeräten verfügbaren Systemfunktionen (Weitergabekontrolle) • Überwachung anwendungsspezifischer Richtlinien (App-Policy-Kopplung) • Technische Durchsetzung von Richtlinien • Durchsetzung von Maßnahmen bei Verletzung von Richtlinien • Bereitstellung gesicherter Container auf dem Gerät für Anwendungen (Weitergabekontrolle)

Von großer Bedeutung ist eine einfache Integration der Endgeräte in die bestehende IT-Umgebung eines Unternehmens, da meist auf bereits bestehende Systeme zugegriffen wird. So existieren in allen Unternehmen Systeme für Email sowie zur Benutzer- und Rechteverwaltung („identity management"), die auch für mobile Geräte genutzt werden sollten. Zudem sollte die Einrichtung eines Katalogs zur Verwaltung und Verteilung von Anwendungen, die auf mobilen Geräten eingesetzt werden dürfen, unterstützt werden. Dies ist besonders wichtig bei technischen Lösungsansätzen, bei denen wesentliche Teile der Anwendungen auf den Endgeräten ausgeführt werden (siehe Abschn. 4). Unterstützt werden sollten die Verwaltung und Kontrolle von Richtlinien, etwa zum Verbot der Installation bestimmter Anwendungen zum File Sharing, sowie automatische Maßnahmen im Falle der Verletzungen von Richtlinien, wie z. B. die Benachrichtigung des Anwenders über die Verletzung oder die Sperrung des Zugangs, solange Richtlinien nicht eingehalten werden.

Unterstützt werden sollte die Fernüberwachung besonderer Ereignisse auf den Endgeräten, um eine Zutritts- und Zugangskontrolle ohne physischen Zugriff auf die Geräte zu sichern. Zur Zugriffs- und Weitergabekontrolle sollten bestimmte Funktionen der Geräte (z. B. Bluetooth) remote deaktivierbar sein, ohne die Nutzung der Geräte und die Privatsphäre der Benutzer mehr als erforderlich einzuschränken. Das gleiche gilt für bestimmte von den Geräten automatisch bereit gestellte Funktionen, die im privaten Bereich bspw. der Datensicherung dienen können. Auf jeden Fall sollten MDM-Werkzeuge gesicherte Container bereitstellen, mit denen Daten lokal auf Endgeräten in verschlüsselter Form speicherbar sind, um die Weitergabekontrolle zu sichern. Dabei sollten Daten auf den Endgeräten nur zwischen vertrauenswürdigen Anwendungen ausgetauscht werden können. Nicht vertrauenswürdigen Anwendungen ist der Zugriff auf Daten sowie die Nutzung von Übertragungskanälen und -zugängen zum Unternehmensnetz zu versperren.

Zur Unterstützung von MDM werden Software-Produkte angeboten, die entweder spezifisch MDM aufgreifen oder Ergänzungen zu klassischen Enterprise-Produkten sind. Vor einer Softwarebeschaffung sind spezifische Anforderungen eines Unternehmens mit den angebotenen Funktionalitäten zu vergleichen, zudem ist die Integration eines MDM-Werkzeugs in die bestehende IT-Infrastruktur zu prüfen. Die Werkzeuge zur Unterstützung von MDM sind weitestgehend unabhängig von der Wahl technischer Lösungsansätze (Abschn. 4), jedoch nimmt der Schutzbedarf mit zunehmender Verlagerung von Anwendungsfunktionen und Daten auf die Endgeräte zu. Daher werden Werkzeuge des MDM umso wichtiger und die Anforderungen an deren Funktionalität umso umfangreicher, je weiter rechts die gewählten Ansätze in Abb. 4.1 liegen.

Beim Einsatz von Softwareprodukten zum MDM ist zu beachten, dass technische Maßnahmen zur Steigerung der Sicherheit zugleich Einschränkungen für die Benutzer der Endgeräte mit sich bringen. So werden strenge Sicherheitsmaßnahmen Benutzer eher anspornen, die Schutzmaßnahmen zu unterlaufen. Daher ist eine zur Unternehmenskultur passende Balance zwischen rechtlichen und sicherheitsrelevanten Anforderungen einerseits sowie Benutzerfreundlichkeit und Funktionsumfang andererseits von großer Bedeutung. Eine ausreichende Sensibilität der Benutzer für Datensicherheit ist dabei bedeutsam.

Zusammenfassung und Ausblick 8

Der Absatz mobiler Endgeräte wie Smartphones und Tablets wird in naher Zukunft den Absatz herkömmlicher PCs und Notebooks übersteigen. Mobile Endgeräte haben innerhalb weniger Jahre im Privatleben eine breite Akzeptanz gefunden, die betriebliche Nutzung im Rahmen von E-Mail, Kontakten und Terminen ist mittlerweile Standard. Darüber hinausgehende betriebliche Nutzungen nach dem Motto „jederzeit und überall" versprechen große Einsatzpotentiale, werfen jedoch auch diverse organisatorische und technische Fragen auf. Insbesondere die Ordnungsmäßigkeit (Compliance) und Sicherheit der betrieblichen Informationsverarbeitung bedürfen spezieller Aufmerksamkeit.

Chancen und Risiken des betrieblichen Einsatzes mobiler Endgeräte sind zu beeinflussen durch die passende Auswahl aus einem relativ breiten Spektrum an technischen Lösungsansätzen zur Einbindung mobiler Endgeräte in die betriebliche Informationsverarbeitung. Zusätzlich werden Aufgaben des Mobile Device Management (MDM) zur Steuerung und Kontrolle sowie zur Administration und Konfiguration der Geräte bewältigt werden müssen. Schließlich sind auch organisatorische Maßnahmen wie etwa Schulungen vorzusehen, um das Sicherheitsbewusstsein der Mitarbeiter auf ein ausreichendes Niveau zu heben.

Der Einsatz mobiler Endgeräte in der betrieblichen Informationsverarbeitung – insbesondere im Einsatzszenario „Bring Your Own Device" – muss als Teil jener Zentrifugalkräfte angesehen werden, die Anstrengungen um zentrale Steuerung und Kontrolle der IT entgegenstehen. Einzelne Benutzer und ganze Fachabteilungen werden immer leichter wichtige Komponenten zur Informationsverarbeitung an zentralen IT-Abteilungen vorbei beschaffen und einsetzen können: von „Bring Your Own Software" für traditionelle Anwendungssoftware oder Apps für mobile

© Springer Fachmedien Wiesbaden 2014
G. Disterer, C. Kleiner, *Mobile Endgeräte im Unternehmen,* essentials,
DOI 10.1007/978-3-658-07024-3_8

Endgeräte, die im Web oder in App Stores gekauft oder gemietet werden, bis hin zu „Bring Your Own Service", bei dem Services (z. B. Cloud-Dienste zur Verarbeitung oder Speicherung von Daten) mit wenigen Clicks von jedem Arbeitsplatz verfügbar sind.

Diese Autonomie von Mitarbeitern und Fachabteilungen ermöglicht die schnelle Nutzung technischer Innovationen durch eine bedarfsnahe Auswahl von Geräten, Software und Services. Neuartige und kreative IT-Nutzungen sind daher erstrebenswert, weil damit Flexibilität und Produktivität gesteigert werden können und die an der Auswahl beteiligten Mitarbeiter eine höhere Motivation erlangen.

Allerdings werden zugleich zentrale Steuerungs- und Kontrollmechanismen geschwächt, obwohl sie zur Aufrechterhaltung von Compliance und Sicherheit notwendig erscheinen. Auch Generalziele des Managements der Informationsverarbeitung wie Standardisierung, Konsolidierung und Komplexitätsreduktion, die u. a. der Stabilität und Effizienz dienen, geraten in Gefahr. Damit wird deutlich, dass der schon vielfach bekannte und grundlegende Zielkonflikt Innovation und Flexibilität einerseits und Stabilität und Effizienz andererseits auch am betrieblichen Einsatz mobiler Endgeräte aufbricht.

Literatur

Andriole, S.J.: Managing technology in a 2.0 world. IT Pro. **1/2**, 50–57 (2012)

Bechinie, M., Murtinger, M., Tscheligi, M.: Strategisches experience management. HMD – Praxis der Wirtschaftsinformatik **50**(294), 87–96 (2013)

D'Arcy, P.: CIO strategies for consumerization: The future of enterprise mobile computing. Dell CIO Insight Series, 2011

Deloitte. (Hrsg.): Raising the Bar – TMT Global Security Study, 2011

Disterer, G., Kleiner, C.: BYOD – bring your own device. HMD – Praxis der Wirtschaftsinformatik **50**(290), 92–100 (2013)

Gajar, P.K., Ghosh, A., Rai, S.: Bring your own device (BYOD) – security risks and mitigating strategies. J. Glob. Res. Comput. Sci. **4**(4), 62–69 (2013)

Gartner. (Hrsg.): More than 50 % of mobile apps deployed will be hybrid. www.gartner.com/newsroom/id/2324917 (2013)

Gray, B.: Building A Bring-Your-Own-Device Program. Forrester Research (Hrsg.). (2012)

Györy, A., Cleven, A., Uebernickel, F., Brenner, W.: Exploring the shadows: IT governance Approaches to user-driven innovation. Proc. of the 20th European Conference on Information Systems (ECIS), S. 1–12 (2012)

Harris, M., Patten, K., Regan, E., Fjermesat, J.: Mobile and connected device security considerations: A dilemma for small and medium enterprise business mobility?. Proc. of the 18th Americas Conference on Information Systems (AMCIS), S. 1–7 (2012)

IDC. (Hrsg.): Managing mobile enterprises. 2012

IDC. (Hrsg.): Tablet shipments forecast to top total PC shipments. www.idc.com/getdoc.jsp?containerId=prUS 24314413 (2013a)

IDC. (Hrsg.): Tempers long-term tablet forecast as competing technologies heat up. www.idc.com/getdoc.jsp?containerId=prUS 24291713 (2013b)

Johnson, K.: Mobility/BYOD security survey. SANS Institute, (2012)

KPMG (Hrsg.): e-Crime – Computerkriminalität in der deutschen Wirtschaft mit Kennzahlen für Österreich und Schweiz, http://www.kpmg.de... (2013)

Manyika, J., Chui, M., Bughin, J., Dobbs, R., Bisson, P., Marrs, A.: Disruptive Technologies. In: McKinsey (Hrsg.) (2013)

Moore, G.: Systems of engagement and the future of enterprise IT – a sea change in enterprise IT. AIIM (Hrsg.) (2011)

© Springer Fachmedien Wiesbaden 2014

G. Disterer, C. Kleiner, *Mobile Endgeräte im Unternehmen,* essentials,

DOI 10.1007/978-3-658-07024-3

Moschella, D., Neal, D., Opperman, P., Taylor, J.: The „Consumerization" of information technology. Position Paper. (2004)

Niehaves, B., Köffer, S., Ortbach, K.: IT consumerization – a theory and practice review. Proc. of the 18th Americas Conference on Information Systems (AMCIS), S. 1–9 (2012)

Petersen, D., Barchnicki, S., Pohlmann, N.: Schutz- und Frühwarnsysteme für mobile Anwendungen. Datenschutz und Datensicherheit (DuD) 38(1), 7–14 (2014)

Schadler, T., McCarthy, J.C..: Mobile is the new face of engagement. Forrester 2012